Rüdiger Jung

In unserer Haut

60 Gedichte

Fotos: Reiner Braun
Graphik: Hans-Jürgen Kind
Satz, Layout und Cover: Manuela Gücker-Braun
ISBN: 9783755738152

Rüdiger Jung

In unserer Haut
60 Gedichte

**Zum 60. Geburtstag
des Verfassers**

herausgegeben und eingeleitet
von Reiner Braun

Herstellung und Verlag: BoD – Books on Demand, Norderstedt

Einleitung

Der Dichter

„In unserer Haut" – so hat Rüdiger Jung die 60 Gedichte über-schrieben, die er anlässlich seines 60. Geburtstags für diese Sammlung ausgewählt hat. Die Auswahl spiegelt die Weite seines Dichtens zwischen 1984 und 2020 wider. In diesem Zeitraum war er Student der Evangelischen Theologie in Bonn und Vikar der Evangelischen Kirche in Hessen und Nassau in Hermannstein und Herborn. Er kam 1992 als Pfarrer in Eibelshausen. Dort hätte er meine Frau und mich getraut, wenn er nicht schwer krank ge-worden wäre – seit dieser Zeit sind wir einander freundschaftlich verbunden. 1995 wechselte er nach Bottenhorn und lernte seine Frau Sigrun kennen. Sie sind dort ansässig geblieben, als er 1999 die Seelsorge in den Kliniken und Altenheimen des Kurstädt-chens Bad Endbach übernahm und 2013 die halbe Pfarrstelle in Dautphe. Hier teilen wir uns seit 2013 die Gemeindearbeit. Ein tiefer Einschnitt war die doppelte Augenerkrankung, die ihn über viele Monate am Predigen und an der Seelsorge hinderte – und am Dichten.

Damit ist die dreifache Leidenschaft skizziert, die sein Leben prägt. Das Dichten ist die älteste Leidenschaft, entstand sie doch bereit in seiner Schulzeit im katholischen Gymnasium in Marienstatt. Sein Stundenplan passte oft nicht zum Fahrplan der Schulbusse. Daher legte er die sieben Kilometer nach seinem Heimatort Gehlert oft zu Fuß zurück. Bis heute liebt er die Landschaft, insbesondere die spätromanische, frühgotische Abteikirche und die alte Brücke über die Nister. Er erzählt: „Gerne lehnte ich über dem Brückengeländer, fixierte den strömenden Bach – einen bestimmten, willkürlich ge-wählten Punkt darin – so lange mit den Augen, bis die Täuschung einsetzte, die ganze Brücke und ich mit ihr sei in Bewegung, der Bach aber stünde still."

Eines Tages war er als 16-Jähriger im Spätsommer unterwegs nach Hause. Auf einer Wiese überkam ihn folgender Eindruck: „Ich stand still für einen Moment, hielt inne, spürte und dachte Frieden. Formulierte Verse ohne Qualität, derer es auch nicht bedurfte: Ich genoss es, die Verse nicht aufschreiben zu müssen, wo ich doch kein Dichter war. Als ich weiterging, merkte ich verblüfft, dass die Zeit einen Moment lang stillgestanden hatte. Ein Moment, wie er vielleicht nie mehr käme und den niemand mir je mehr würde nehmen können." Erst zwei Jahre später begann er, seine Gedichte aufzuschreiben, mit widersprüchlichen Empfindungen in der Brust: „Ich spürte, dass ich einen Verrat beging – und um diesen Verrat nicht umhinkam." Damit, dass er seither dem Papier seine Gedichte verrät – ob handschriftlich notiert, ob mit der mechanischen oder elektrischen Schreibmaschine getippt, den Computer strikt meidend – , hat er seither viele Menschen erreicht, berührt, erfreut, hat ihnen die Natur neu erschlossen – auch etwas von der Natur des Menschen und der Natur Gottes. Er hat sie behutsam in sein eigenes Staunen über Bibel und Natur und Kunst und Leben hineingenommen.

Sein Dichten und Trachten ist nicht unbelohnt geblieben: Rüdiger Jung hat zwei eigene Gedichtbände veröffentlicht, fünfzehn weitere mit jeweils einer Ko-Autorin bzw. einem Ko-Autor, ist in zahlreichen Sammelbänden vertreten – und hat Preise gewonnen: 1989 den Haiku-Preis zum Eulenwinkel und 2021 den Thomas-Berger-Literaturpreis. Dabei ist die Begründung des Stifters für die Preisvergabe so treffend, dass sie an dieser Stelle zitiert werden muss: Rüdiger Jung hat den Preis bekommen „als Anerkennung für sein langjähriges literarisches Wirken, das sich durch hohe Sensibilität und Reflexionen über existenzielle Fragen auszeichnet."

Dieses Buch

„In unserer Haut" – mit dem Titel dieses Bändchens fokussiert Rüdiger Jung das Geheimnis der Menschwerdung Gottes in Jesus Christus, vorbereitet durch die Geschichten des Alten Testaments, gefolgt von der weiteren Geschichte Jesu bis zu seinem Tod am

Kreuz. So ist nicht die Entstehungsgeschichte der Gedichte der rote Faden dieses Bändchens, sondern die biblische Heilsgeschichte, die der Bibelausleger in seinen Gedanken verdichtet hat (Teil 1) – und die Bedeutung dieser Geschichte für die, die alltäglich in ihrer Haut stecken und nicht herauskönnen, insbesondere in Zeiten des Alters, des Sterbens und der Trauer (Teil 2). So bilden Seelsorge und Bibelauslegung nur die zwei Seiten der einen Medaille, die Rüdiger Jung tagtäglich in seinem Dienst und in seinem Leben zusammenhält – und die er auch gelegentlich in Gedichtform ummünzt.

Was Sie in diesem Bändchen erwartet, möchte ich Ihnen mit meinen eigenen Worten vorstellen. Aber: Sie können diese Einleitung ab hier ohne jeden Verlust übergehen! Oder Sie können nach der Lektüre einzelner Gedichte in meine Zusammenfassung hineinpicken. Die laufende Nummerierung erleichtert den Bezug.

Teil 1: Heilsgeschichte

Die Gedichte im ersten Teil habe ich anhand der biblischen Geschichte vom Paradies bis zur Kreuzigung Jesu angeordnet.

Dabei könnte das erste Gedicht auch das letzte sein – wie die Schöpfungs- und Paradieserzählungen der Bibel die Blicke nicht nur auf die verborgenen Anfänge der Welt richten, sondern auch auf deren Ende. Es geht um das Paradies, von dem wir herkommen, auf das wir zugehen – und das zwischendurch aufblitzt, etwa in einer schönen Tasse Kakao. (1)

Zwei Gedichte sind den Brüdern Kain und Abel gewidmet. Mit der Aufnahme alltäglicher Phrasen schließt Rüdiger Jung die Bibelgeschichte neu auf: „Damit kann ich leben!" und „Mach dich vom Acker!" (2 u. 3)

Der Dichter weist seiner Hör- bzw. Lesegemeinde die Rolle des Isaak zu – die eine neue Perspektive auf Gott eröffnet wie auch auf den dunkelsten Tag des Neuen Testaments, den Karfreitag. (4)

Immer wieder bezieht sich Rüdiger Jung auf Werke der bildenden Kunst, so auch dort, wo er die Depression mit einem Engel vergleicht, der mit seinem Schwert den Zugang zum Ort des

Heils versperrt, der aber wenigstens lächelt, wenn das Saitenspiel erklingt. (5)

In der Hiobsgeschichte unterscheiden sich die Freunde gerade dadurch von Jesus, dass sie eben nicht in der Haut des Leidenden stecken, sondern dass sie sein Leiden aus innerer Distanz beurteilen. Jesus wird die Menschwerdung in aller hiobsmäßigen Konsequenz vollziehen! (6)

Um die Menschwerdung Gottes zu beschreiben, dreht Rüdiger Jung das Sprichwort um: „Es ist noch kein Meister vom Himmel gefallen." Dieser eben doch – auch wenn es kein Platz für ihn zu geben scheint. (7)

Dass der weihnachtliche Konsum vom Blick auf die Menschwerdung Gottes ablenkt, ist der Dichter nicht kampflos hinzunehmen bereit. Mit Kugelschreiber und Schreibmaschine nimmt er den Kampf gegen den Konsumismus auf und weist darauf hin, dass das eigentliche Geschenk vom Umtausch ausgeschlossen ist. (8)

Um das Weihnachtsgeschehen eindrücklich zu schildern, macht Rüdiger Jung aus dem König Herodes ein literarisches Räuchermännchen – und erweist sich, nicht nur hier, als Humorist. (9)

Die Menschwerdung beschreibt der Dichter als Hineinkriechen des Kindes „in deinmeine Haut", um mit uns zu leben, zu frieren, zu schreien – und uns den Himmel aufzuschließen. (10)

Dass dieses Kind zum Leiden in die Welt gekommen ist, verkündigen die Posaunenengel, wenn sie das „Feurio" blasen, denn die Welt steht in Flammen und geht dem Tod entgegen. Doch die himmlische Feuerwehr naht! (11)

Mit Blick auf das Ringen des Erzvaters Jakob mit dem Engel ringt der Dichter um eine freie Bahn für das Wunder der Weihnacht, jenseits von Flitter, Gold und Plunder. (12)

Wo Rüdiger Jung ein Gedicht mit namentlichem Bezug auf seinen katholischen Pfarrer- und Dichter-Kollegen Joseph Mohr beginnt, kommt in der „Stillen Nacht" das allerheiligste Licht der Welt in den Blick. (13)

Und immer stellt sich die Frage: Was bleibt von Weihnachten? Unversehens erklärt dich Rüdiger Jung zu einer Kerze, deren

Flamme in den Stürmen des Lebens und im Toben der Welt von der großen Hand beschützt wird, der du Weihnachten überhaupt verdankst. (14)

Das weihnachtliche Warten hört jedenfalls nach den Feiertagen nicht auf; nur wartet nun ein anderer – auf dich. (15)

Weihnachten ist das Fest des heruntergekommenen Gottes. Und dann erlebt der erwachsene Heiland, wie jemand vor ihm herabgelassen und ihm vor die Füße gelegt wird. Denn seine Freunde sind „dem Heiland selbst aufs Dach gestiegen". (16)

Das ist auch nötig, denn manchmal kommen stürmische Zeiten, in denen der Heiland in tiefem Schlaf liegt und geweckt werden will. Wozu wohl dieser Heiland ein „Walfischtaxi" braucht? Der Dichter liebt es, Wörter so zusammenzusetzen, wie es noch niemand vor ihm getan hat – und damit zu verblüffen. Gerade diese Worte werden zu Widerhaken, die sich im Gedächtnis festsetzen und etwas bewirken. (17)

Die Frage, vor die uns Rüdiger Jung plötzlich stellt: Wo bist du, wenn der Teufel im Busch ist und der Herrgott sät? (18)

Und was, wenn der Heiland nicht da ist, wo er so dringend gebraucht und wohin er so eindringlich gebeten wird? Doch der Verstorbene wird seine Leichentücher nicht mehr brauchen – im Gegensatz zu dem, dem er seine Auferweckung verdankt. (19)

Indem sich der Dichter zum Sprecher derer macht, die die Sünderin wegen der Verschwendung des Salböls an Jesus anklagen, erscheint ihre Tat in einem hellen Licht und ihre Liebe zu dem, der sich im Leiden und im Tod zerbrechen lässt. (20)

In einer besonderen Weise fokussiert Rüdiger Jung in seiner Abendmahlsdarstellung den todbringenden Verräter und den, dem der Tod gilt – und der vielleicht einen Hoffnungsschimmer auf jenen wirft. (21)

Der Dichter bringt das Karfreitagsgeschehen auf den Punkt, indem er Stärke und Schwäche konstrastiert und „Alles Essig!" nicht zum Letzten macht, das über den Gekreuzigten zu sagen ist. (22)

In eine nüchterne Polizeimeldung verpackt Rüdiger Jung die Bedeutung des Kreuzes – und der Konjunktiv, der zur Wiedergabe fremder Inhalte wie zum Mutmaßen geeignet ist, lädt zum Umdenken in die Wirklichkeitsform ein: Ja, wenn er von Gott redet, dann geht es um ihn selbst. Ja, wenn ich Gott begegnen möchte, dann ist Jesus der beste Ansatzpunkt. (23)

Ein Kreuz zu tragen sei Jesus berufen – das nehme ihm keiner ab. Hier wie anderswo ein wunderbares Spiel mit Doppeldeutigkeiten, wie bereits zuvor im selben Gedicht: „Wer's glaubt, wird selig!" (24)

Rüdiger Jung bezieht den hebräischen Wortlaut des Warum-Rufs Jesu – „Lama asabtani" – auf ein Andenkamel – „Lama" – und schlägt uns damit eine Bresche für das Verständnis des zentralen Heilsgeschehens. So ergeben sich neue Perspektiven für all unsere Warum-Fragen. (25)

Warum musste Jesus sterben? Die Karfreitagsgedichte helfen zu Antworten – meist auf sehr persönlicher, existenzieller Ebene. Reine Ostergedichte hat er für diese Sammlung nicht ausgewählt – könnte man denken. Doch könnte man den kompletten zweiten Teil als solche lesen: Was folgt daraus, dass Jesus auferstanden ist und lebt?

Zum Teil 2 – Heilsgeschichten

Die Begegnung mit dem Leiden und den Leidenden kann dazu führen, den eigenen Anspruch auf Glück auf Halbmast zu setzen – und noch einmal ganz neu danach zu fragen, was denn wahres Glück sei. (26)

Dass Glück auch eine andere Seite hat, ruft der Pfarrer mahnend in Erinnerung. (27)

Und manchmal bin ich selbst an der Stelle des Scheiterns und nicht Weitergehenwollens. Da tut es gut, wenn Rüdiger Jung mir ein trotziges Gebet in den Mund legt, das mich ganz neu vor Gott stellt. (28)

Angesichts der Herausforderungen des Lebens ist es kein Wunder, dass ich ins Zaudern gerate. Doch der Herr vermag auch damit umzugehen, es mir bewusst zu machen – und mich davon zu befreien. Das kann in sonntäglichen Gottesdiensten sein oder auch in besonderen Gottesdiensten. (29)

Was aber bleibt von besonderen Gottesdiensten am nächsten Tag? Hoffentlich kommt frischer Wind in den Alltag. Hoffentlich bleibt die Weltsicht erhalten, die der Gospel, das Evangelium am Abend zuvor ermöglicht hat. (30)

Gottesdienst – das geht auch mit dem Füßen im Wald. Der Dichter entdeckt ein zertretenes Schneckenhaus und lässt sich davon in das Schöpfungswunder hineinziehen, das gerade zerstört wurde – und holt seine Leser aus der Ignoranz gegenüber vielen anderen Wundern heraus. (31)

Der Dichter erzählt die Geschichte eines Singvogels, der zuerst pfeift und tschilpt, bis ihn der Katzenjammer überkommt. Hier arbeitet er sich ab an dem Gott, der auch nach Ostern immer wieder noch zu schweigen scheint. (32)

Ein herbstliches Gedicht führt in die freundschaftliche Begegnung mit einer Vogelscheuche und lädt zum Betteln ein – angesichts der Nacktheit im eigenen Leben. (33)

Wenn der Dichter vom Zündholz und der Kerze erzählt, gerät sein Blick auf den Spätherbst des Lebens – nicht ohne anzudeuten, dass es auch in dieser Zeit etwas zu genießen gibt. (34)

Buße ist ein unpopulär gewordenes Wort, von Rüdiger Jung mit Umkehr umschrieben und in drei Zeilen fein umrissen – und neu gefüllt. (35)

Auf den ersten Blick mutet das Selbstbildnis düster aus: Ich habe keine Talente, nicht einmal eines zum Vergraben! Das erfüllt mich mit großer Angst! Doch: Wenn da wer das Nichts weg nimmt – und sei es die Angst – , ist ja plötzlich Was da. Und: In „Ratze-putz" steckt ja auch die Reinigung drin, die Raum schafft – für etwas ganz Neues. (36)

Mit einem Blick in die Josefsgeschichte (1. Mose 37–50) bittet der Dichter darum, geführt und gehalten zu werden – und dass auch für den ausstehenden langen Winter genug da ist: Das Alter und alles, was kommt. (37)

Was sich mit dem Alter verändert, zeigt Rüdiger Jung an dem Unterschied der Wahrnehmung eines Glockenturms – und zieht den Blick einmal mehr nach oben. (38)

Aber: Das Leben ist nicht alles. Es ist Fragment – wie augenscheinlich das Gedicht ohne Endsilbe. (39)

Winterlich kahle Bäume redet der Dichter an, denen er eine Mahnung zum Beten ablauscht – aber unfreiwillig zu denen gehört, die die Axt schon in der Hand haben, um die Mahnung nicht länger zu vernehmen. Doch er sieht seine Berufung darin, die anderen zum Innehalten und Hinhören anzuleiten. (40)

Obwohl er weiß, dass der Tod ihm gedanklich und lebensmäßig immer viele Nummern zu groß ist, wird der Dichterpfarrer nicht müde, darüber zu schreiben. (41)

Wenn etwa der Dichterkollege Matthias Claudius den Tod als Freund oder Bruder anredet, setzt sich Rüdiger Jung von ihm ab – vom Kollegen und von seiner Haltung zum Tod. Den Tod nimmt er ganz und gar als Feind wahr – und ist darin mit seinem Theologenkollegen Paulus einig. (42)

Auch der Klinikalltag spiegelt sich wider und erlaubt zu zeigen, was rechtes Beten ist: Die Klingel drücken, damit der Höchste aufmerksam wird und eine Zukunft öffnet, wo das medizinische Personal keine mehr sieht. (43)

Mit Humor dem Tod zu begegnen, hat der Seelsorger an einer Schwester entdeckt – und zaubert nun ihr Lächeln in das Gesicht seiner Leser. (44)

Mit Gottvertrauen auf den Tod zuzugehen, hat Rüdiger Jung staunend dem polnischen Papst abgeschaut. (45)

Dafür, dass alle Zeit in Gottes Händen liegt, hat der Dichter eigene Worte gefunden: Gott sagt, wenn es Abend ist! (46)

Den Takt des Lebens spiegelt einen Schulalltag wider. Nach Religion ist alles aus. Es hätte auch mit ihr als gegenüberliegender Randstunde losgehen können, oder? Oder scheint Religion auch in Deutsch, Mathe und Bio durch? Hoffentlich! (47)

Eine Szene aus dem Schülerleben seines Bruders Harald kam Rüdiger Jung in den Sinn, als dieser starb, eine Szene, die eindrücklich macht, wie Gott mit Fehlern umgeht – und dass er Humor hat. So über das jüngste Gericht zu sinnieren, das geht freilich nur mit Blick auf den Leidenden am Kreuz. (48)

Auch ein Nachruf beschäftigt sich mit der Frage nach dem, was ein Mensch am anderen verschuldet hat – und was nicht. Er traut dem Herrn zu, aus Tränen der Reue Freudentränen zu machen. (49)

Die Konfrontation mit dem eigenen Tod lagert Rüdiger Jung aus in die Reaktion anderer auf die eigene Todesanzeige, Marcel Duchamp konterkarierend: „Übrigens sterben immer die anderen." (50)

Das Bibelwort vom Fallen der Berge (Jesaja 54,10) übersetzt der Dichter in neue Poesie – und macht sehr anschaulich, was Sterben bedeutet. (51)

Das andere Wort vom Erdewerden, bei vielen Bestattungen gebraucht, verbindet der Dichter mit Trauer und verdichtet von daher, was ihm Trauer ist. So schafft er Humus fürs Weiterleben. Das alles ist durch den gedeckt, der sagt: „Ich lebe – und ihr sollt auch leben." (Johannes 14,19). (52)

Unter „Memento mori" – „Gedenke des Todes", in früheren Zeiten eine wichtige Aufgabe für Künstler aller Art, ist auch die Betrachtung des Körpers als Schiff auf dem Meer einzuordnen. (53)

Man sagt, das Leben sei kein Ponyhof. Nicht so Rüdiger Jung. Er philosophiert mit Blick gerade auf den – allerdings nicht ungefährlichen – Ponyhof über Zeit und Ewigkeit und gewinnt der Ewigkeit eine Ahnung von Geborgenheit ab. (54)

Vom Reiterhof in die Rodeo-Arena: Der Tod als plötzliche Entsattelung. Der Seelsorger als Lebens-Trainer wird hier zum Mahner, im Sinne des Liedes: „Wer weiß, wie nahe mir mein Ende?" – Die Lesegemeinde staunt hier einmal mehr über die Bandbreite des Betrachters, der seine Gegenstände ständig durch ein Weitwinkelobjektiv wahrzunehmen scheint. (55)

Von großer gedanklicher Weite zeugt auch der Gedanke, dass es Parallelen gibt zwischen dem Ausscheiden aus dieser Welt und dem Eintritt in dieselbe: der Kontrast zwischen einem Mangel an Kraft und einem Übermaß an Hoffnung. (56)

Abschied mit Ankunft zusammenzudenken – und daraus Mut zu schöpfen, dazu hat der Dichter eine deutsche Redewendung unter die Lupe genommen – und etwas Neues daraus entstehen lassen. (57)

Ob sie im Himmel alle ihre Lieben wiedersehen werde, fragte sie. Der Seelsorger antwortete: „Ja, aber die anderen auch." – Rüdiger Jung schreibt seine Antwort fort. Dabei entlarvt er die Hoffnung auf Distanz in der Ewigkeit von eben diesen anderen. Damit bewirkt er, dass ich diese Distanz von meinen anderen in der Gegenwart überdenke. (58)

Man könnte meinen, Rüdiger Jung sei einem Irrtum aufgesessen, wenn er vom Schrumpfen der Ozeane dichtet, wo doch allenthalben von deren klimawandelbedingtem Ansteigen die Rede ist. Doch er denkt mit Blick auf Gott noch viel weiter – und fragt betend nach der Zukunft des Universums und einem hilfreichen Wort, das sie uns eröffnet. (59)

Wie der Umschlag dieses Buches vorne wie hinten Ansichten von Marienstatt zeigt und wie sein Dichten in Marienstatt begann, so soll das Bändchen mit diesem wichtigen Ort für Rüdiger Jung enden, der für ihn ein Lernort geworden ist für das, was die noch bessere Voraussetzung für alles Dichten und Trachten ist als eine Tasse Kakao – „für die Stille". (60)

Dank …

… an den Grafiker Hans- Jürgen Kind, der das einzigartige Porträt von Rüdiger Jung geschaffen hat;

… an meine liebe Frau Manuela Gücker-Braun für die zuverlässige Erstellung des Satzes und des Layouts;

… an den Dichter und Jubliar selbst für sein Gesamtwerk, das er immer wieder der interessierten Öffentlichkeit zu lesen – und manchmal auch zu hören – gibt sowie für seine hilfreiche, freundliche, wertschätzende Unterstützung der Drucklegung;

… zuletzt und zuerst an den, der Heilsgeschichte schreibt – auch in den Geschichten, die nicht in der Bibel stehen und sie dennoch sinnvoll fortsetzen, sodass die Welt die Bücher nicht fassen würde, die zu schreiben wären (Johannes 21,25), heilvolle Geschichte auch mit Rüdiger Jung und seiner lieben Frau Sigrun – und der sie begleiten wird an jedem Tag, den er ihnen schenkt.

Dautphe, am 25. November 2021   *Reiner Braun*

Gedichte

Teil 1: Heilsgeschichte

1 Nicht die Süße

Lange
habe ich mich
gefragt,
wie das Paradies
beschaffen sei.

Heute Abend
diese Tasse Kakao
mit Sahne.

Nicht die Süße,
nicht die Sättigung -

eher die Genüge,
die völlige
Zufriedenheit,
die einen letzten Satz
in der Tasse
lässt.

2 Bruder

Dass ihm
die Früchte des Feldes
missfallen
damit
können wir leben

Dass er sich so
am Fett
deiner Lämmer
ergeht
damit
kann ich leben

Im Schweiße
meines Angesichts –
Lass uns
aufs Feld gehen

Bruder

3 Brüder

Er wird
dich finden
dich
und deine Frau

Unstet
und flüchtig
wirst du sein
auf Erden

Auf deiner Stirn
ein Mal
aus Angst
und Schweiß

Pack deine Sachen
Mach dich
vom Acker
Abel

4 Das Messer

Das war,
als er mir alles
aus der Hand
nahm.

Das war,
als ich
gebunden lag
auf Holz.

Das war,
als über mir
das Messer
blitzte –

Vorher:
was habe ich
gewusst
von Gott.

5 Saul und David

Dass da
ein Engel steht
und trägt ein Schwert
und lässt mich nicht
und lässt mich nicht
vorbei!

Nur beim Spiel,
beim Saitenspiel
sah ich
diesen Engel
leise
lächeln.

Wenn es
abbricht,
lächelt nur
sein Schwert.

6 Freunde

Sie reden ihm
alle gut zu –
dem Mann aus
Uz.

Keiner
steckt in seiner
geschwürbedeckten
Haut.

Keiner
spürt so
die Asche,
die Asche im Haar.

Gelobt sei der Name
Gelobt sei
Gelobt sei
Gelobt

7 Zünftig

Der Meister
fiel
vom Himmel

Die Handwerkskammer
fühlte sich
düpiert

Hatte man doch
an höchster Stelle
vergessen
sie zu fragen

Kein Platz
für Meister
die vom Himmel
fallen

bei so viel
rauen Gesellen

8 Das große Geschenk

Das große Geschenk,
vom Umtausch ausgeschlossen:
Gott in der Krippe.

9 Ein Esel, der Ägypten sucht

Ein Esel, der Ägypten sucht
inmitten der Geschenke,
der Sucht, der Macht, der Ränke,
und der dem falschem Frieden flucht
– derweil Herodes Pfeife raucht
und dabei ganz genüsslich schmaucht
in überheizten Zimmern.
Auf alten Glaubenstrümmern
sitzt prachtvoll thronend der Konsum
Er bringt die Erstgeburten um
mit seiner Zuckergeißel,
dem Schokoladenmeißel,
und macht uns alle Zähne stumpf.
Ein Esel sagt nicht Nein, muss dumpf
sein stetes Ja verschweigen.
Ihm ist die Gabe eigen,
Maria, Josef und das Kind,
Dezembernacht und Wüstenwind
bis an sein Ziel zu tragen.
Er muss nicht Sterne fragen
nach seiner nächsten Krippe:
Ein Esel, der Ägypten sucht
und jedem falschen Frieden flucht,
hat Gott stets an der Strippe!

10 In unserer Haut

Weihnacht
versunken
im Schnee

Weihnacht
Er schaufelt
uns frei
von dem Schmuck
den Geschenken

Weihnacht
Jetzt kriecht Er
in deinmeine Haut

Und das lebt
und das friert
und das schreit

Und der Himmel
geht auf

11 Die Engel blasen Feurio

Die Engel blasen Feurio,
sie werfen all ihr Beten
in schallende Trompeten
und tönen lichterloh
von jenem Weltenbrand,
in dem der Tod uns fand
und wieder lassen musste,
weil er das Wort nicht wusste,
das uns das Sterben lehrt
und unser Sein verkehrt.
Er hat es glatt vergessen
und sich am Kreuz vermessen,
am Holz und seinem Sinn.
Jetzt weiß er nicht wohin;
hier steht die Weihnachtskrippe
und dort die Kummersippe,
die ihn nicht kennen will.
Und plötzlich wird er still
vor Hirten und vor Schafen
und wünscht sich einzuschlafen
in ein verschneites Singen.
Jetzt heißt es nicht mehr Feurio
Trompeten brennen lichterloh,
wenn Engel Wasser bringen.

12 Vom Umgang mit Engeln

Mit Engeln will
gerungen sein;
die Botschaft
kommt nicht leicht.

Du wickelst dich
in Lieder ein,
empfindelst,
wirst zu seicht.

Wie du dich
an den Flitter hängst,
an all das Gold,
den Plunder:

Der Glanz, in dem
du dich verfängst,
ist tödlich –
für das Wunder!

13 Jahr für Jahr

Joseph Mohr,
die erste Strophe;

Glanz
in deinen Augen,
Jahr für Jahr
und nie
gealtert,

wenn sie –
Stille,
Frieden,
Schnee –
das Allerheiligste
betraten:

Nacht der Nächte
um das Licht
der Welt.

14 Was bleibt

Was bleibt
wenn Advent
die Weihnacht
vorbei ist

Die Kunst
das Licht
einer Kerze
mit der Hand
zu hüten

In dem Wissen
Licht
einer Kerze
zu sein

In dem Wissen
um die große
Hand

15 Mehr

Zweite
Weihnachten
Mattscheibe
Schnee

nach all den
Worten den
Liedern

Komm sagt Er
Hütebub Hirte
Weiser von mir aus
meinetwegen auch
König

Merkst du denn nicht
dass ich warte
auf mehr
als Gold

16 Meinetwegen

Herablassung
werde ich ihnen
schwerlich
zum Vorwurf
machen,

trugen sie
doch duldsam
meine Last

und ließen mich
dabei
nicht eher hängen,

als dass sie
meinetwegen
dem Heiland selbst
aufs Dach gestiegen
wären.

17 Mein Heiland liegt in tiefem Schlaf

Mein Heiland liegt in tiefem Schlaf,
als wäre nichts geschehen.
Ich kann das nicht verstehen!
Ob ich ihn endlich wecken darf?
Die Zeichen stehen längst auf Sturm;
ich – arm und klein – ein Erdenwurm,
der schlottert mit den Beinen.
Zum Trösten hab ich keinen,
denn auch die andern wissen nicht,
wie man solch einen Sturm bespricht,
er möge wieder schweigen.
Ein Jona muss mir zeigen,
wie man auf windgepeitschter See –
im Kopf nur noch Gethsemane –
das Walfischtaxi findet.
Der die Gewalten bindet
wird wach, bedroht das Wellentier,
bis es sich legt, und schimpft mit mir:
Wie winzig ist dein Glauben!
Wie leicht lässt er sich rauben
und lauthals Lügen strafen! –
Dann fällt mein Herr erneut in Schlaf.
Ob ich ihm das verübeln darf?
Das Boot liegt still im Hafen.

18 Sonne, Wind und Regen

Der Teufel
sitzt im Busch,
der Herrgott
sät.

Wir,
am Boden
beim Aufgang
der Sonne
im Strauch,

hören nicht auf,
zu fragen,
ob Sonne,
Wind
und Regen
parteilich
sind.

19 Die Auferweckung des Lazarus

Herr
wärest du hier
gewesen

Die Augen
gehen mir
über

Wo habt ihr ihn
hingelegt
Hebt den
Stein ab

Ihr wisset nichts
bedenkt auch nichts

Löst ihm
die Binden
Es werden
meine sein

20 Mit einem Schlag

Dass du das Glas,
das teure Glas
mit einem Schlag
zerbrochen.

Dass du den Mann
mit Öl gesalbt -
als wäre er
ein König.

Dass du
verspielt und kindisch
der Armen nicht
gedacht.

Liebe, Liebe,
dumme Magd -
du bist so schlecht
im Rechnen.

21 Abendmahl

Die Stunde ist da.
Der Tod
hat seine Hand
in die Schüssel
getaucht.

Unter den Traurigen
zwei nur,
die wissen:

Der,
dem der Kelch
bereitet ist,
zu sterben.

Und der, dem
kein Friede mehr wird,
wenn nicht
am Holze ...

Gott der Starke
sie fassen es nicht
hat eine Schwäche

Man schlägt ihn ans Kreuz
treibt ihm die Nägel
ins Fleisch –
sein Leid hat
Hand und Fuß
alles Essig
lama asabtani

Gott der Starke
sie fassen es nicht
Gott der Allmächtige
hat eine Schwäche

hat eine Schwäche
für uns

23 Sabbat

Durch einen Hinweis
aus der Bevölkerung
ist es gelungen,
ihm das Handwerk
zu legen.

Schön und gut:
er hat Leute
gesund gemacht.

Aber von Gott
redete er,
als ginge es
um ihn selbst.

Dem Vernehmen nach
ist er schuldig.
Dem Vernehmen nach
sind wir frei.

24 Er sagt, er käme

Er sagt, er käme
vom Vater.
Alle
schütteln den Kopf.

Er sagt, er käme
für uns.
Kann ja jeder
sagen.

Er sagt, er käme
für dich und für mich.
Wer's glaubt, der wird
na ja.

Ein Kreuz zu tragen
sei er gekommen.
Das nimmt ihm
keiner ab.

25 Lama

Abermals verlassen,
macht es sich
abermals
auf seinen einsamen Weg –

mein Warum,
ein pelziges
Andenkamel
auf steilen Graten,

mit Lasten beladen,
noch ehe die Sonne
ihr trauriges
Indioauge öffnet,

wartend, dass Nacht wird
und der vergessliche Hirte
ihm eine Bresche ins Eis
der gefrorenen Tränke schlägt

Teil 2: Heilsgeschichten

26 Halbmast

Gehört

von dem Mann
der sie schlug
den Kindern
die ihr
den Rücken kehrten
die Enkel
vorenthielten

und meinen
Anspruch auf Glück
meinen hehren
Anspruch an das Glück
meinen unbedingten
Anspruch auf Glück

auf Halbmast
geflaggt

27 Die andere Seite

Vergiss nicht
zu fragen
Wer steht
auf der anderen Seite
des Glücks

28 Lass mich nicht

Ich gehe
nicht mehr weiter
keinen Schritt

Geh du
wenn du es
anders willst
mit mir

Nimm mich
wieder fest
an deine Fäden

Laß mich
nicht mehr
stolpern

Wozu
bist du
Gott

29 Jetzt legt der Herr mein Zaudern bloß

Jetzt legt der Herr mein Zaudern bloß
und wirft es in die Winde,
wo ich es nicht mehr finde.
Dann ruft er: Macht die Leinen los!
Wir stechen jetzt in See.
Im Tanz mit Luv und Lee
besteigen wir die Schiffe,
fürchten keine Riffe,
auch nicht den schlimmsten Sturm,
auch nicht im Holz den Wurm
der Masten und der Planken.
Die Rettungsboote sanken.
Wir schwimmen obenauf
und sammeln uns zuhauf
und blicken auf zum Segel,
Der Böen wilde Flegel
dreschen darauf ein.
Das Haben fällt vom Sein
hart backbord in die Tiefe
und liest die Flaschenbriefe
atlantischer Etüden. –
Erst legt der Herr mein Zaudern bloß,
dann mache ich die Leinen los
und folge ihm – nach Süden ...

30 Das Fenster

Gospelgottesdienst
in der alten Kirche
Der Tag danach

Die Ameisen
immer noch
in Ekstase

Die Holzwürmer
immer noch swingend
über dem
rieselnden Mehl

Ansonsten
altes Gemäuer
im frischen Wind

Das schräg
geöffnete Fenster
die Welt

31 Unversehens

In den Staub
getreten
das Haus

Und war doch
gelb
und rund
und schön

Vollkommen
wie nur
Einer
baut
Jahrmillionen
am Haus
einer Schnecke

Achtloser
Fuß

32 Fauler Lenz

Rasch,
ehe die andern kommen,
weckt er dich,
weckst du mich,

pfeifst von den Dächern,
was von den Dächern
zu pfeifen ist, tschilpst,
was das Zeug hält,

bis dich mitten
im steigenden Licht
der große Katzen-
jammer packt –

und er, der meine Haare zählt,
sieht, wie du
vom Himmel fällst,
und schweigt.

33 Etüde, franziskanisch

Dem Bruder gleichen,
der Blatt und Frucht
nicht halten kann
und nicht den Vogel,
der den Sommer sang.

Dann, des Nachts,
dastehen,
fast nackt,
mit leeren Händen,
wenn der kalte
Glanz der Gestirne
dem Märchen
nicht mehr gehorcht.

Der Vogelscheuche
das Du anbieten.

Betteln lernen ...

34 Die Flamme

Das zitternde
Zündholz
in meiner Hand.

Die Flamme,
ihr Flackern,
die Glut.

Der geduldige
Docht.

Das Wachs,
das fließt
und fließt
und seinen Duft
verströmt.

Das bißchen
Rauch
am Ende.

35 Protokoll einer Umkehr

Er suchte
und wurde gefunden.

36 Selbstbildnis

Nicht der
der fünf Talente nahm
und ihrer zehn
erwarb

Nicht der
der zweie
zu den Wechslern trug
und vier erhielt

Nicht einmal der
der das eine
sicher vergrub

Eher einer
dem die Angst
das keine
aus der Hand frisst
ratze-putz

37 Unbescheiden

Nimm mich
bei Deiner großen Hand,
wie Du es einst
mit Josef gehalten hast,

leite und führe mich
durch das Gestrüpp
der Träume,

zeig mir die Kühe,
die dicken,
die dünnen.

raufe die Ähren
mit mir,
die gelben,
körnigen Ähren,
ehe auch für mich
der lange Winter kommt.

38 Früher

Früher
die Leichtigkeit
der Glocke
vernommen

Heute
den Kraftaufwand
des Läutewerks

39 Nicht alles

Die Kindheit
ist nicht alles
Du musst dir etwas
aufheben können

Die Jugend
ist nicht alles
Du musst dir etwas
aufheben können

Die Liebe
ist nicht alles
Du musst dir etwas
aufheben können

Das Leben
ist nicht alles
Du musst dir etwas
aufheben kön-

40 Hände

Ihr habt uns
gegrünt
ihr habt uns
die Tage
vergoldet

Ihr
mit den leeren
ihr
mit den offen
Händen

Betet
sagt ihr
Betet

Wir
kommen
mit der Axt

41 Schritte

Von Kind auf
kleine Schritte

Am Ende
der große
der uns
wann immer
zu groß ist
viel zu groß

42 Bruder Tod? Eine Absage

Weil ich dem Tod nur angstverschwistert bin,
ist er ein okkupierender Verwandter,

Ihn Freund zu nennen
kommt nicht in den Sinn;

höchst zähneknirschend allenfalls Bekannter -

Was viel zu viel gesagt ist! Denn wer kennt

den, der stets nimmt — und nie,
um neu zu bringen?

Ich sehe was mein Mund mein Leben nennt

vor ihm streng lächelnd –

       lächelnd! –

          Hände ringen.

43 Was wohl

Sie hält
die Klingel
in der Hand
Sie drückt

Sie schellt nicht
nach der Schwester
nach dem Pfleger
Sie schellt nicht
nach dem Arzt

Sie schellt
nach oben
feste

Was wird
Was werden soll
Was wohl
werden soll

44 Gegen den Tod

Die blonde Schwester
mit den kurzen
Haaren,

unentwegt
in ihrem Versuch,
dir ein Lächeln
abzuringen:

Wie oft
sie erfolgreich
war

bleibt mir
das kostbarste
Argument
gegen den
billigen
Tod.

45 Das letzte Kapitel

Das letzte Kapitel
Gott selbst
hat es
geschrieben

Krankheit
seht ihr
so ist
Krankheit

Alter
seht ihr
so
das Alter

Sterben
seht ihr
so ist
Gottvertrauen

46 Ins Haus

Ich falle
nicht
mit der Tür
Ins Haus

Gott
wird mir sagen
wenn Abend
ist

und dass ich
mein Spielzeug
draußen
lassen soll

Ich weiß
dass er
die Türe schließt
vor Nacht

47 Schule

Klingeln
Deutsch
Klingeln
Pause

Klingeln
Mathe
Klingeln
Pause

Klingeln
Bio
Klingeln
Pause

Klingeln
Reli
Klingeln
Schule aus

48 Ende des Diktats

Mama hat es
immer wieder
erzählt

wie du heim-
gekommen bist
strahlend
das Diktat
mit den meisten
Fehlern

Heimkommen
am Ende
des Lebens

und einer
nimmt dir
die Tasche ab
und lacht

49 Nachruf

Dass er ein Schlitzohr war
und sitzen blieb
hat seine Mutter
NICHT
krank gemacht
Aber er
hat es geglaubt

Ein Nachbar
sah den Briefkasten
des Frühpensionärs
überquellen
Man fand ihn
tot

Herr
red ihm aus
was seine Schuld
NICHT
war

Lass ihn lachen
laut
oder verschmitzt
Auf Erden
hat er viel
geweint

50 Wann wohl

Wann wohl
der Letzte
um dich weint

Wann wohl
der Letzte
von dir spricht

Wann wohl
der Letzte
an dich denkt

Wann wohl
der Letzte
von dir träumt

Wann wohl
der Erste
kopfschüttelnd
deinen Namen liest

51 Aspekte

Der Mount Everest
wird abgetragen
　　Die Niagara-Fälle
　　verdampfen
Die Wälder fallen
wie von einer Axt
　　Den Anglerfischen
　　der Tiefsee verglimmt
　　das mörderische Licht
Die Milchstraße
wird ranzig

Und all das
Teilaspekte nur
des Tages
der dich einmal
sterben heißt

52 Trauer

Trauer:
ein Mensch
wird Erde

in dir

53 Dein Körper – Das Meer

Dein Körper
ein Schiff
dich
durch die Tage
zu tragen

Eines Tages
bleiben sie
zurück
Dein Körper
Das Meer

54 Ross und Reiter

Was ist die Zeit?
Ein wildes Pferd
das seinen Reiter
abwirft

Während ihm
alles weh tut
steht der Staub
in der Luft
vom Hufschlag auf-
gewirbelt

Was aber ist
die Ewigkeit?
Der Reiter –
auf der Bahre?
Das Pferd –
im Stall?

55 Wie schnell

Das Leben
ein Rodeo

Egal
wie du es
anstellst

Du kommst
nicht umhin
dich am Ende
kräftig zu wundern

wie schnell es dich
aus dem Sattel
gerissen hat

56 Ein Hoffen

Wann immer
ein Mensch
zu Grabe
getragen wird

die Vorstellung
vom ersten Schrei
den er einst
auf dieser Welt
getan

Am Anfang
wie am Ende
ein Hoffen
kraftloser
Ärmchen
auf freundlichen
Empfang

57 Schiedlich

Ab-
schiedlich
friedlich
leben

Was war
die erste Ankunft
wenn nicht
Abschied?

Lässt das nicht
für den letzten
Abschied
hoffen?

58 Natürlich

Natürlich
möchte ich
in den Himmel
kommen

Natürlich
machte ich dass du
in den Himmel
kommst

Ein riesiger
Saal
unendlich
viele Tische

Da müssen wir
doch nicht
am gleichen
sitzen

59 Nachtwache

Wie die
Ozeane schrumpfen,
ganze Galaxien
unter der Wucht
eines Lidschlags
zusammenbrechen,

wenn dein Blick
die Brust befragt,
ob sie sich
noch einmal
hebt,

wenn dein Blick
den Mund befragt,
ob er sich
noch einmal
öffnen wird.

60 Marienstatt

Die alte
Nisterbrücke,
der Torbogen,
die Ahornallee,
der Brunnen im Park –
wir saßen davor
und malten –,

die Abtei
mit ihren
rosenfarbenen,
stämmig
romanischen
Pfeilern –

ein einziger
großer Lehrkörper
für die Stille.

Anhänge

Anmerkungen
und Bibelstellen

bezogen auf die laufenden Nummern der einzelnen Gedichte

Einleitung	Das autobiographische Zitat aus Rüdiger Jung, Exkurse einer ungeschriebenen Autobiographie (I). In: Karina Lotz (Hg.): Schreibtisch. Literarisches Journal, Frankfurt am Main, edition federleicht, Ausgabe 2018, S. 27f.
2	1. Mose 4,1-16.
3	1. Mose 4,1-16.
4	1. Mose 22,1-19.
5	Zu Rembrandt von Rijn: Saul und David, zwischen 1651 und 1658. Vgl. 1. Samuel 16,14-23.
6	Vgl. das biblische Buch Hiob.
9	Matthäus 2,13-15.
12	Vgl. 1. Mose 32,23-33.
13	Vgl. EG 46: Stille Nacht, heilige Nacht. – In memoriam Hedwig Jung geb. Klöckner.
14	Jesaja 42,3.
15	Lukas 2,1-20; Matthäus 2,1-12.
16	Markus 2,1-12.
17	Markus 4,35-41.
18	Matthäus 13,24-30.
19	Zu Sven Schalenberg, Die Auferweckung des Lazarus. Variationen zu einem Gemälde Rembrandts, 2000 – III Perspektive Jesu. Vgl. Johannes 11,1-45 (+ 46-57)

20   Vgl. Lukas 7,36-50.

21   Zu Hellmuth Muntschick: Abendmahl (II) – Der mit mir die Hand in die Schüssel tauchte, Josefstädter Passion 1942. Vgl. Matthäus 26,23.

25   „Lama" (hebräisch) = „Warum?"

32   Matthäus 10,29-31.

36   Vgl. Matthäus 25,14-30.

37   Vgl. 1. Mose 41,1-36.

42   In memoriam Christine Lavant.

44   In memoriam Hedwig Jung geb. Klöckner.

45   In memoriam Johannes Paul II.

48   In memoriam Harald Jung.

52   In memoriam Hedwig Jung geb. Klöckner.

59   In memoriam Hedwig Jung geb. Klöckner.

60   Widmung „Für S."

Verzeichnis der Gedichte

Inhalt